冯至 文存

山水

冯至 著

天津出版传媒集团
天津人民出版社

图书在版编目（CIP）数据

山水 / 冯至著 . -- 天津 : 天津人民出版社，2022.3
（冯至文存）
ISBN 978-7-201-18107-3

Ⅰ . ①山… Ⅱ . ①冯… Ⅲ . ①散文集 - 中国 - 当代 Ⅳ . ① I267

中国版本图书馆 CIP 数据核字 (2022) 第 000958 号

山水
SHANSHUI

出　　版　天津人民出版社
出 版 人　刘　庆
地　　址　天津市和平区西康路 35 号康岳大厦
邮政编码　300051
邮购电话　（022）23332469
电子信箱　reader@tjrmcbs.com

责任编辑　李　荣
装帧设计　今亮後聲 HOPESOUND 2580590616@qq.com · 张今亮　欧阳倩文　核漫

印　　刷　北京金特印刷有限责任公司
经　　销　新华书店
开　　本　880 毫米 × 1230 毫米　1/32
印　　张　4.25
字　　数　136 千字
版次印次　2022 年 3 月第 1 版　2022 年 3 月第 1 次印刷
定　　价　32.80 元

● 如何收听《山水》全本有声书？

① 微信扫描左边的二维码关注“领读文化”公众号。
② 后台回复【山水】，即可获取兑换券。
③ 扫描兑换券二维码，免费兑换全本有声书。

● 去哪里查看已购买的有声书？

方法 ①

兑换成功后，收藏已购有声书专栏，
即可在微信收藏列表中找到已购有声书。

方法 ②

在“领读文化”公众号菜单栏点击“我的课程”，
即可找到已购有声书。

目　录

重印《山水》前言

冯 至

1988年9月24日

此文是冯至同志应中国台湾大雁书店有限公司重印《山水》一书写的序。

活得长久，人们说是一种幸福，在我看来，其中有幸也有不幸。幸，是还可以多做一些工作，多见一些世面，多增一些知识，多听一些过去所未闻，想也没有想到的事物，尤其是近三十年来科学技术迅速发展，致使人间的时空观念、价值观念都发生相当大的变化。不幸的是，看到不少中青年时代哀乐与共的朋友相继与世长辞，伤逝之情，难以遏止，再回头自己从前写的东西跟今天的感情思想距离越来越远，而对于当前各种观念的变化，限于体力的衰退，不能深入体验，也只有从远处听听而已。“悟以往之不谏”却无力“知来者之可追”，这可能是老年人常有的处境。

如今德国有些青年说，他们跟歌德的距离比歌德跟荷马的距离还远。那么，现在的读者若是读了我在三十、四十年代写的收入《山水》里的几篇散文，会不会说，他们跟《山水》的距离比《山水》跟明代小品文的距离还远呢？

张错先生来信说，想在台湾重印《山水》，征求我的意见，我最初是有些迟疑的。经过几番踌躇，我还是同意了。人的观念可以改变，思想感情可以改变，白纸黑字印出来的文章却是不能改变的客观存在。在当年战火连天、生活极端艰苦的岁月里，我在其他的创作与研究之外，星星点点地写了少许朴素的散文，作为一段平凡的心灵记录，也不无历史性的意义。读者对于这本小册子，或许会感到生疏，甚至像我前边说的“想也没有想到的”那样——不过，我前边说的“想也没有想到的”是新的事物，而今天《山水》读者“想也没有想到的”却是属于往日了。承蒙张错先生厚意，重印《山水》，恰似重阳过后送来一盆菊花，但愿花的色香没有褪尽，不至于像苏东坡在诗和词里一再感叹的“明日黄花蝶也愁”。

C 君的来访

1930 年 7 月

眼看着暑假又要过去一半，不禁想起去年此际的C君来访了。

C君是我中学的同学，在同学中仅仅剩下的一个唯一的朋友。六七年来他忘不了我，隔两三个月总有一封信寄来，述说他的生活并问及我的近况。后来竟接到他从南京天文台上来信，说是要利用暑假之便重访这久经阔别的故都；并没有什么事务，只是想减轻一些情感上的负担。——不单是这封信上，过去他也时常这样说：在那座古老的城圈里从儿时直到青年期的种种的痕迹想起来是怎样地亲切，是怎样地比外边的任何事物都要亲切呀。

同时，我也不能安宁了。我怎样去接待这位经过长久别离的老友呢？他还是十几岁时彼此什么话都说的中学同学吗？可是成了一个生疏的青年的天文学者？——无论怎样，我需要见他面的心情是非常迫切的。

就是夜里都有时从梦见C君的梦里醒来，终于盼到C君说是要到我的学校里来访我的那一天了。我在院中树荫下走来走去，顺着二门往外一望，心想C君不久就会从这里出现，——那费人寻思的C君，他到底变成什么样子呢？数年来我们好像都分头走着两条各不相谋的黑暗小道，虽说中途也有时略通消息，但其中所经过的隐微是彼此谁也不能深知的。今天想不到我们竟会相遇了。

我的心情真是复杂极了，当我最后叫一声他的名字，握住他的手的时候。

"你更高了。"这是他见我面时的第一句话。这使我无法回答，但是我心中欢喜。

走进屋里，他把我的一丈立方的小屋端详了一番，坐下说："北平的生活真是清静，就是你的小屋也好像是很舒适呢。"

"夜里耗子过于搅扰了。"

"比人总该好得多吧。"他从裤袋里取出一支烟来，我看着他吸烟的神情，我相信这位老朋友是有了一些“哲学”了。

“C，你几时吸上了烟？”

“同酒是一个时候。在秦淮河畔喝醉了酒，夜里被一辆洋车在坎坷不平的路上颠颠簸簸地拉回到天文台，那是常有的事。”

C君是一个很聪明的人。青年时却是很寂寞地过着。我陡然想起佐藤春夫的某一篇文章：“离开了示巴女王的某君不是躲在楼上仰观星宿吗？”

“朋友，你的话说得我怪是凄凉的。但一转想，我也觉得现在人生的唯一妙诀是‘上穷碧落下黄泉’，上穷碧落是研究天文，下黄泉是弄地质。这两件事都同‘人’不大发生关系，你整天在自己的小世界内挖一挖龙的骨头，或是拿望远镜望一望天上的星宿，那是不会有人管你的，你也落得把生命在一种近乎奇险的生活里消磨掉。我真羡慕‘上穷碧落下黄泉’的科学家，我只恨我当初不该多念了几本文学书，满脑子里装了些空疏的概念，处处不能忘情，弄得尾大难掉，拖泥带水，想找一座清静的天文台看一看空中的奇象是不可能了。”

“我们的天文台又何尝是你所想象的那样美好呢，至今还没有一架仪器哩。”

C君说完这句话，似乎觉得我这小屋也不很舒适了，站起来说：“一同到公园里去走一走吧。”

走到公园里正是夕阳西下的时候，他把他的眼光注射在公园里的种种上面，不知从那上边温习了旧，可还是发现了新。他不住地吸烟，口角之间表露出辛尼克的微笑，他说：

“如今我们都能安安详详地坐在这里吸烟喝茶，谈些闲天，总算是有了‘进步’了。你还记得吗，我们在中学时候对于一切是怎样地矫枉过直。出门因为不肯坐人力车总是步行，谈话时除了学术上或是社会上的问题外从来不知什么是谈天，公园一年未必来上几回；我从前对于旧礼俗的反抗曾经使全体的亲友目为败子，——如今呢，我这次回来，他们却都同样地欢迎我，赞美我，说我比从前‘进步’了。说真的，我也实在比从前‘进步’了，烟也吸上了，酒也喝上了，从前无论如何也不肯去做的事如今先是委曲求全、后是司空见惯地也都做过了，朋友，你说，我是‘进步’了吧？从他们的口中赢得了‘进步’两个字，这真是我此次北来的意外收获。至于我这次的目的，却不在此。我是太想念北平了，我想同它再见一次面，为了许多值得回忆的地方。至于什么故宫啊、汤山啊、八达岭啊，我都没到过，我这次也想郑重地拜访一番。作一个总结束，再来就不知是何年何日了。”

C君还不到三十岁，怎么就有了这样的心情呢。我把话岔开，我说：

“你看，月亮升上来了，风怪凉的，我们一同喝杯啤酒吧。”

第二天，我们就分开了，各人的黑暗的小路还不得不继续着去走吧。眼看又是一年，自己是怎样走的都不能认识清楚，C君的我当然更是茫然了。只想起他那次的来访像是一幅淡色的画，一首低音的歌，在我的夏季时吹来了一缕秋风。

蒙古的歌

1930年，写于北平。

“蒙古是一个野兽，是无愉快的。石头是野兽，河水是野兽，就是那蝴蝶也想来咬人。”在一篇苏联的短篇小说里这样写着，读起来像是一首歌，一首唯一的蒙古的歌，正如古时鲜卑民族所唱的“天苍苍，野茫茫，风吹草低见牛羊”。

幻想在陌生的地方盘桓着。小学时候读地理，总以为青海是一片青色的死海，而蒙古只有黄色的旷野的荒沙。后来又听先生讲到沙漠上的幻洲，那的确很有趣味，不可不遭逢一次，骑着马或是骆驼，缠头，身披黄色的，红色的袍，手持长杖，这种憧憬不知怎么又转移到尼罗河畔的金字塔了。只可惜，经验与年岁俱增，自己的世界反倒日见狭窄。抱定志愿说是要到南北冰洋去探险的那样的童心，等到中学毕业时已经做梦都梦不起来了。正在那时，遇见一位会说蒙古话的朋友，引起我的好奇心，蒙古有什么故事传说之类的东西吗？他大约知道的也不多，说是有，但内容很简单。我自然不能满意他这抽象的回答，又问有诗歌没有，他只微微地笑了一笑，话题却说到蒙古人的生活上去了。——自此以后，我脑里所萦回的，也无非是些眼前切身的事，而所谓戈壁上的蒙古人会不会对着天空的幻洲唱出歌来的问题，再也无心想起了。虽然班禅曾来北京，同时中山先生正住协和医院，印象最深的是那年南北池子的大街上对将来抱着无穷希望的青年和求班禅摩顶祈福的蒙古人骤然同样地膨胀起来，但他们却泾渭分流，彼此从不曾互相注意过。后来又有某博士的蒙古旅行，也曾使我有一度的神往，但不过只是一度而已。

可是后来偶然在一个晚餐席上我却听见蒙古的歌了。那是在H埠，我在一本诗里写过的，阴沉的H埠。地近寒带，冬天的路上结着很厚的冰，许多不大熟识的人聚在一家饭店里；我当时好像患着怀乡病，溷在中间，并不曾沉入人群的狂欢，只不缓不快地掰香蕉，喝酒，吃菜，在我低着头的面前时时涌现出一个圆圈里的境界。圆圈外笑语同筷子正在一样地纷乱着，忽然桌子一拍，含笑的主人立起来了：今晚不是容易的事，大家会在一起。席上的客人有的来自贝加尔湖畔，有的鸭绿江的那边，还有富士山，就是我们本国的也不都是一省。明天说不定就人各一方。说到这里他举起酒杯，接续着说，请大家留个纪念在今晚的席上。

片时的静默。一个活泼的东洋人首先起立了，唱的据说是他的国歌。随后是广东戏，昆曲，还有伴着胡琴的皮簧，在你谦我让的中间，一个矮而胖的俄国人说话了，用纯熟的中国语：

“诸位！这里，关于俄国的歌，大家一定听得很不少了，在街上，在公园，在咖啡店。我今晚要唱一首异乡的歌，愿得主人的允许。”

大家都很惊讶，是什么呢？

“蒙古歌。”

出乎意外，一片鼓掌的声音。

不过是新鲜罢了，意义也不懂，声音也很沉闷，比起《四郎探母》《空城计》来，太不能使听众陶醉了。但都很注意地听，不过是新鲜罢了。

催眠歌似的，没有抑扬高下，使人如置身于黄土的路上，看不见山，看不见水，看不见树木，只有过了一程又一程的黄土。是的，在这歌里，霞都不会红，天也不会青，——是一个迟钝的人在叙说他迟钝的身世。歌中自然也有转折，无论往哪边转也转不出它那昏黄的天地。

唱歌的人的态度却是严肃的。

这样的歌，在那“大漠孤烟直，长河落日圆”的境界里，似乎太不生色了。但如果是白日无光，冷风凄凄地吹着的下午，从一个孤孤单单的帐篷里发出来这个声音，也未必不相称吧。——什么事都是因缘，谁想得到呢，这沙漠里的一朵灰色的花，向来不大有人采摘的，也会有今日飘落在光明的电灯光下，洁白的桌布上面，而它的声浪吻着两旁陈列着的西方的雕像。

唱歌人的态度始终是很严肃的。

席散后，我却没有放松这位唱蒙古歌的俄国人。我们在披外套的时候，我请求他，能够一起出去散一散步吗？他说可以，我们便从这热腾腾的屋里走出来了。我们到了清冷的夜的空气中，感谢的很呢，使我今天听见了这个奇怪的歌。他说并不奇怪，他的故乡是恰克图，同蒙古人做买卖的他的同乡们差不多都会唱这样的歌。

“但是，什么意义呢？”

“意义是很悲哀的，他们的马死了，他们在荒原里埋葬这匹马，围着死马哭泣：老人说，亲爱的儿子，你不等我你就死去了；壮年说，弟弟呀你再也不同我一起打猎了；小孩子叫声叔叔，几时才能驮我上库伦呢；最后来了一个妙龄的女子，她哭它像是哭她的爱人。”

“就意义说，这是一首很好的哀歌呀，真想不到他们也有这样好的歌。但是声调怎么这样沉闷呢？我只觉得蒙古是一个野兽，无愉快的。就是蝴蝶也想咬人呢。像你们的一位作家所说的一样。”

俄国人似乎是在笑我幼稚，他说：

“那不过是片面的观察罢了。什么地方没有好的歌呢。无论什么地方的人都有少男少女的心呀。不过我们文明人总爱用感情来传染人，像一种病似的。至于那鲁钝而又朴质的蒙古人，他们把他们的爱情与悲哀害羞似的紧紧地抱着，从生抱到死，我们是不大容易了解，不大容易发现的。”

夜里非常冷，我们并不很和谐地在街上走着。他的话我也不愿意加以可否，一直走到江滨，两人都不约而同地深深吸了一口气。

不久我就离开了H埠，那夜的俄国人，那夜的蒙古歌，似乎早已忘记，两年后的今日，偶然读到一篇讲蒙古故事的短文，不觉又萦绕心臆了。

赤塔以西

——一段通信

1930年，写于西伯利亚车中。

夜二时。

一片声音，是赤塔的车站。

赤塔，是一个宏壮的名字。虽说是译音，却使人觉得像是一座赤色的塔，高高地耸立在西伯利亚的原野，风的，雪的，夜的中间。我躺在床上，不能走下车去，瞻仰瞻仰这想象中的名城——至少在现代的历史上它也抵得住一个小的莫斯科了。

只能看见的是在西伯利亚难于看见的窗外辉煌的灯光。

只能听到的是在中国难于听到的，仿佛是在苏联所特有的声音：严肃，沉重，艰苦……

这样过了二十分钟，车开了。

天明醒来，窗外已经不是昨天。昨天由满洲里走入苏境，只有一望无边的荒草：没有田，没有人家，没有坟墓；沿着铁路几条电线在那儿冷冷清清地传布着人间热闹的消息，剩下的只是走不完的荒草。今天，已经不是昨天。白杨、赤杨、榆树、各样松柏一类的长青树，有的很高，有的小学生一般排成队依附在大树的旁边。血红的，阴绿的，焦黄的，色彩斑斓的叶子，没有风也是响着，飞舞着。很少行人，也少牲畜，令人想到原始的世界。色彩太鲜艳了，停车坐爱枫林晚，在这里车却无须停，因为这伟大的，很少经人道破的，美丽的树林是一望无有边涯的。

走下床来，遇见车上的人，也不是昨天。昨天彼此都是生疏的，互相矜持的陌生人，今天一见面，不知怎么就有如世代的旧邻了。隔壁的德国牧师第一句的“早晨好”，听着就好像十分耳熟。一个苏联的大学生也含笑用德国话问我，“你到哪里去？”我说到德国。“读书吗？”“是的。”“学什么呢？”“学文学和哲学。”——大学生听了这句话，眼睛瞪得圆圆的，精神兴奋了，“学哲学？哲学，应该到我们的国里来学，我国里产生过世界最伟大的哲学家——列宁。”

他不提柏拉图，不提康德，而认为列宁是“世界最伟大的哲学家”，我听着有些愕然，但同时又仿佛感到一个新的世界观正在开始。静默了片刻，他也好像看出我的愕然，面貌变为谦虚，把话题转到另一个方向——

“其实，我们的哲学，文学，都还年轻，尤其是工业。但是我们要工作。”他用手指着一幅贴在车上的宣传画，说，“你看，这个大人脚底下许多东西都破坏了，这都是外国货，我们不要；你看这个人手中捧的是什么——是机械，我们只要外国的机械。我们国内现在已经有许多工厂了，我们只要用外国的机械制造我们的国货。许多外国的学者，技师，我们都出重价请他们来，我们自己吃黑面包，给他们白面包，我们穿破衣裳，他们穿好衣裳——但是，他们为我们工作。”

这时大学生的母亲立在一旁望着她的儿子，很满意地笑着。

这时牧师望着窗外久已没有钟声了的礼拜堂，向我们另外一个旅伴发着感慨："十九年前，我也从西伯利亚走过，绝不是现在这样荒凉，那时沿路都有卖东西的，车站上也很洁净。现在呢，一个鸡蛋要三十戈比，合中国钱六角。你看，这些小孩子，见人就知道要香烟，用两根手指在嘴唇上比着，多么卑下！"

母亲的手中拿着一卷杂志一类的东西，大学生孩子似地从她手中抢来，给我看，"这是我母亲正在读的一本小说，Erberg写的，作者在中国住过，里边写的是贵国的一位共产党员彭湃的故事，——你知道这个人吗？"

"我听到过这个名字——里边写的是什么呢？"

"里边有一段说中国的一个将军有八个太太，真吗？"

我还没有回答，他接着说下去：

"贵国还在内战吗？你是哪一党？贵国革命有多少年了？一九一一？——我们是一九一七，我们现在要好好地建设了，我们现在很苦，可是将来要同美国比赛比赛呢。不过我们的朋友还是中国，我们是要携手的。今年的长沙——”

牧师特别锐敏地听到“长沙”两个字，他插嘴了，我渐渐退出来，处在旁听的地位。

牧师说：“长沙，你不要提长沙了，我在那里住过十九年，我才从长沙来。”

大学生微笑着，“战争是特殊的情形，你们德国人在法国又何尝不如此呢。——你念过列宁的书吗？你如果念过他的书，我管保你不替基督说教了。”

“基督教我们爱，不教我们恨。我们牧师有什么坏呢？我们不饮酒，不吸烟，我们省下钱周济穷苦的人。”

“我们是教穷苦的人也能够饮酒，吸烟，而不受人周济。”

谈话止于此。午饭的时刻到了。

饭后一觉醒来，日已西斜，人人都倚着车窗，我在期待着贝加尔湖。

牧师的儿女们跑来跑去。每到一站牧师太太就说这样的话："看这街道，看这房子，有多么脏啊；车站上怎么有这样多女子作工呢，俄国的男人都到哪里去了？"

我拉住了一个小孩子，我问他许多话。他说：他们住在长沙，住在很好的房子里，七个仆人，四条狗，他姊姊有男朋友，他有女朋友。这次是爸爸送他们回国。我说，你们都是兄弟姊妹吗？"不都是，史密特不是。"他把另一个男孩子指给我。

"你的父母呢？"我拉过史密特的小手。

他歪着头待了许久。"爸爸——，长沙——；妈——妈——，汉口——"

"你为什么回德国呢？"

他只是歪着头。

"你离父母时，哭了吗？"

他只是歪着头。

牧师含笑走来了。"这些孩子们，我把他们送回德国去，送到福音堂的教养院里，我就不再管他们了。”

“还回中国吗？”

“还回中国，同我的太太，在三月后。”

“孩子们呢？”

“放在教养院里。”

总是笑着的牧师的脸上现在有些黯然了。“先生，这是怎样一个时代呀，今年夏天的长沙，你在报纸上也读到了吧？将来的世界还要大乱，人们更要受苦，共产党和资本家更要争斗，我把孩子们安排好，我们信上帝的人就有福了。”

“怎么？”

“先进天堂。”

我几乎要打一个冷战。小孩子这时嚷起来了：“真好看！真好看！”

原来黄昏已近，贝加尔湖在我们面前了。

塞纳河畔的无名少女

1932年，写于柏林。

修道院楼上的窗子总是关闭着。但是有一天例外，其中的一只窗子开了。窗内现出一个少女。

巴黎在那时就是世界的名城：学术的讲演，市场的争逐，政治的会议……从早到晚，没有停息。这个少女在窗边，只是微笑着，宁静地低着头，看那广漠的人间；她不知下边为什么这样繁华。她正如百年才开一次的奇花，她不知道在这百年内年年开落的桃李们做了些什么匆忙的事。

这时从热闹场中走出一个人来，他正在想为神做一件工作。他想雕一个天使，放在礼拜堂里的神的身边。他曾经悬想过，天使是应该雕成什么模样——他想，天使是从没有离开过神的国土，不像人们已经被神逐出了乐园，又千方百计地想往神那里走去。天使不但不懂得人间的机巧同悲苦，就是所谓快乐，他也无从体验。雪白的衣裳，轻软的双翅，能够代表天使吗？那不过是天使的装饰罢了，不能表示天使的本质。他想来想去，最重要的还是天使的面庞。没有苦乐的表情，只洋溢着一种超凡的微笑，同时又像是人间一切的升华。这微笑是鹅毛一般轻。而它所包含的又比整个的世界还重——世界在他的微笑中变得轻而又轻了。但它又不是冷冷地毫不关情，人人都能从它那里懂得一点事物，无论是关于生，或是关于死……

但他只是抽象地想，他并不能把他的想象捉住。什么地方去找这样的一个模型呢？他见过许多少男少女：有的是在笑，笑得那样痴呆，有的哭，哭得又那样失态。他最初还能发现些有几分合乎他的理想的面容，但后来越找越不能满足，成绩反倒随着时日消减；归终是任何人的面貌，都禁不住他的凝视，不几分钟便显出来一些丑恶。

难道天使就雕不成了吗？

正在这般疑惑的时候他走过修道院，看见了这少女的微笑。不是悲，不是喜，而是超乎悲喜的无边的永久的微笑，笑纹里没有她祖母们的偏私，没有她祖父们的粗暴，没有她兄弟姊妹们的嫉妒。它像是什么都了解，而万物在它的笼罩之下，又像是不值得被它了解。——这该是天使的微笑了，雕刻家心里想。

第二天他就把这天使的微笑引到了人间。

他在巴黎一条最清静的巷中布置了一座小小的工作室，像是从树林中摘来一朵奇花，他在这里边隐藏了这少女的微笑。

在这清静的工作室中，很少听见外边有脚步的声音走来。外边纷扰的人间是同他们隔离了万里远呢，可是把他们紧紧地包围，像是四围黑暗的山石包住了一块美玉？他自己是无从解答的。至于她，她更不知她置身在什么地方。她只是供他端详，供他寻思，供他轻轻地抚摸她的微笑，让他沉在这微笑的当中，她觉得这是她在修道院时所不曾得到过的一种幸福。

他搜集起最香的木材，最脂腻的石块。他想，等到明年复活节，一片钟声中，这些无语的木石便都会变成生动的天使。经过长时间心灵上的预备，在一个深秋的早晨开始了他第一次的工作。他怀里充满了虔敬的心，不敢有一点敷衍，不敢有一点粗率。他是这样欢喜，觉得任何一块石一块木的当中都含有那天使的微笑，只要他慢慢地刻下去，那微笑便不难实现。有时他却又感到，微笑是肥皂泡一般地薄，而他的手力太粗，刀斧太钝，万一他不留心，它便会消散。

至于微笑的本身，无论是日光下，或是月光中，永久洋溢在少女的面上。怎样才能把它引渡到他为神所从事的工作上呢？想来好像容易，做起来却又艰难。

他所雕出的面庞没有一个使他满意。最初他过于小心了，雕出来的微笑含着几分柔弱，等到他略一用力，面容又变成凛然，有时竟成为人间的冷笑。他渐渐觉得不应该过于小心，只要态度虔诚，便不妨放开胆子做去。但结果所雕出的：幼稚的儿童的微笑也有，朦胧的情人的微笑也有……天使的微笑呢，越雕越远了。

一整冬外边是风风雨雨地过着，而工作室里的人却不分日夜地同这些木材石块战斗。

少女永久坦白地坐在他的面前——他面前的少女却一天比一天神秘，他看她像是在云雾中，虹桥上，只能翘望，不能把住。同时他的心里又充满了疑猜：不知她是人，是神，可就是天使的本身？如果是人，她的微笑怎么就不含有人所应有的分子呢？他这样想时，这天他所雕出的微笑，竟成为娼妇的微笑了……

冬天过去，复活节不久就在面前。他的工作呢：各样的笑，都已雕成，而天使的微笑却只留在少女的面上。等到他雕出娼妇的微笑时，他十分沮丧：他看他是一个没有根缘的人，不配从事于这个工作。——寒冷的春晚，他把少女抛在工作室中，无聊地跑到外边去了。少女一人坐在家中，她的微笑并没有敛去。

他半夜回来，醉了的样子像是一个疯人，他把他所雕的一切一件件地毁去，随后他便昏昏地倒在床上。少女不懂得这是什么事情，只觉得这里已经没有她的幸福。她不自主地走出房中，穿过静寂的小巷，她立在塞纳河的一座桥上。

彻夜的歌舞还没有消歇，两岸弹着哀凉的琴调。她不知这是什么声音，她一点儿也听不习惯。她想躲避这种声音，又不知向什么地方躲去。她知道，修道院的门是永久地关闭着；她出来时外边有人迎接，她现在回去，里面却不会有人等候。工作室里的雕刻家又那样怕人，她再也不想同他相见，她只看见河里的星影灯光是一片美丽的世界，水不断地流，而它们却动也不动，只在温柔的水中向她眨眼，向她招手，向她微笑。她从没有受过这样的欢迎，她一步步从桥上走到岸边，从岸边走到水中……带着她永久的微笑。

雕刻家一晚的梦境是异样地荒凉。第二天醒来，炉灰早已寒冷。屋中除却毁去的石块木块外，一切的微笑都已不见。

他走到外边穿遍了巴黎的小巷。他明知在这些地方不能寻到她。而他也怕同她见面，但他只是拼命地寻找，在女孩，少妇，娼妓的中间。

复活节的钟声过了，一切都是徒然……

一天他偶然走过市场，见一家商店悬着一副“死面具”。他看着，他不能走开。

店员走过来，说：“先生想买吗？”

他摇了摇头。店员继续着说：

“这是今年初春塞纳河畔溺死的一个无名的少女。因为面貌不改生态，而口角眉目间含着一缕微笑，所以好事的人用蜡注出这副面具。价钱很便宜，比不上那些名人的——”

雕刻家没有等到店员说完，他便很惊慌地向不可知的地方走去了。

这段故事，到这里就算终了。如今那副死面具早已失落，而它的复制却传遍了许多欧洲的城市。带着永久的无边的微笑好像在向我们谈讲着死的三昧。

两句诗

1935年，写于海岱山。

常常夹着一本书，到山里去散步。散步而夹着一本书，是一种矛盾。因为若是把心沉在书里，势必把四围的风景都忘却；若是不能不望一望眼前的树木以及远方的原野，书，就往往难以聚精会神地读下去。有时我想，我要坐在那条有最美的远景的石凳上读一读《纯理性评判》，体验体验自然的美景，与人的纯理性是否能够在一种境界内融会起来。但是《纯理性评判》始终不曾带到那里去读，一天却在一条林径里读到两句诗，那是贾岛的名句：

独行潭底影

数息树边身

这样的境界，怕只有尝透山林里的清寂的人才会感得到。当时我深深觉得，里边写着这两句诗的那薄薄的一本线装书已经化成自然里的一草一木，这次我把它带出来，不是一件多余的事了。

近代欧洲的诗人里，有好几个人都不约而同地歌咏古希腊的Narcissus，一个青年在水边是怎样顾盼水里的他自己的反影。中国古人常常提到明心见性，这里这个独行人把影子映在明澈的潭水里，绝不像是对着死板板的镜子端详自己的面貌，而是在活泼泼的水中看见自己的心性。——至于自己把身体靠在树干上，正如蝴蝶落在花上，蝶的生命与花的色香互相融会起来一般，人身和树身好像不能分开了。我们从我们全身血液的循环会感到树是怎样从地下摄取养分，输送到枝枝叶叶，甚至仿佛输送到我们的血液里。（里尔克有一篇散文，他写到在他靠着树时，树的精神怎样传入他的身体内的体验。）这不是与自然的化合，而是把自己安排在一个和自然声息相通的处所。

这两句诗写尽了在无人的自然里独行人的无限的境界，同时也似乎道破了自然和人最深的接融的那一点，这只有像贾岛那样参透了山林的寂静的人才凝练得出来，无怪乎他在这两句的下边要自下注解了：

二句三年得
一吟双泪流
知音如不赏
归卧故山秋

怀爱西卡卜

1937 年，写于吴淞。

一九三三年，德国的国社党获得政权不久，我在复活节后的一天早晨离开了那和平幽静的爱西卡卜村。

爱西卡卜是柏林郊外的一块小住宅区，我于四月迁入，四月搬出，整整住了一年。当我临行时，我想，这一年的居停，在我生命的途上，好似误了一班火车，和一座生疏恬淡的野站结下一段因缘，但是下列的火车终于驶来，我也就不能不登上郁闷的旅途：别时恋恋难舍，此后恐怕也难有再见的机会。

柏林的四郊是健康的松林，爱西卡卜就是从西郊的松林中挖出来的一块空地。粉白色矮矮的楼房，红沙铺成的道路，房前房后都种遍朴素的花草：我每逢从那沉重阴暗的柏林市中心乘车出来，在这里下了车，身心感到一种难以形容的舒适。

城市和人一样，要慢慢地生长；生长太快了，就未免有些地方不实在。柏林的发展，在十九世纪后半叶帝政时代，过于迅速，所以它比起巴黎和伦敦来，每每给人以空虚和夸大的印象。严肃而呆板，庞大而没有风格，这在它街旁假古典式的建筑上最为显著。——欧战后的德国是一个最自由的国家，有一部分新鲜的人，担受不起柏林市容上那种陈旧冷酷的面孔，于是纷纷跑到郊外，建筑起新的建筑，幽静，舒适，近乎人情。这种心情，有些地方，很像昔日的人们为了寻找自由，脱离欧洲旧日的社会，航海奔向新大陆的样子。因此柏林的郊外在短时间内新添了无数雅致而朴素的住宅。

爱西卡卜的住民多是属于社会民主党的。社会民主党在德国革命后是最有势力的一个政党。那时人们身受战争的创伤太深，都只好在理想里过活，觉得往后再也不会有战争，全人类都是兄弟。这些党人抱着一种新的世界眼光，梦想永久的和平，待人和善，遇事也就多所妥协。可是无论心怎样仁，理想怎样高，却无法去制止一个随着世界经济恐慌而来的客人——失业。人人的身后都渐渐感到一种饥饿的威胁，于是这宽容而和缓的政党在铁一般冷酷的事实面前便一天一天地削弱下去，同时一左一右，两个极端的党——共产党和国社党——便日日膨胀了。可是在爱西卡卜村住民的屋顶上，直到我离开那里为止，还没有看见飘扬过卐字旗。他们的政治看着失败了，待人却依然是那样坦白，和蔼……

我的房东太太是一位慈祥的中年妇人。她爱她的丈夫，她的丈夫也爱她，但是他们离了婚。离婚的原因自然是为了一个女性的第三者闯入他们的家庭，然而男的和第三者也没有结婚的希望，只是自己觉得爱上了别人，对自己的妻不起，不能和她同居了，独自在柏林市内租了一间带家具的房子住着。女的也就匀出几间房，租给客人，带着一个十五六岁的儿子，依靠房租过活。逢节逢年，男的还不断回来看望他的妻子。一到这里，望着窗外的树林便叹息着说：

“这里住着，是多么健康舒适呀！”

说完了，总是两人相对，怅然许久，无话可说。

房东太太常常把她丈夫的这句话向我重述一遍，同时发出疑问："谁让他不能在这里呢？"随后就娓娓婉婉地叙述他们两人的过去，最后的结束是："我们的故事，是一部长篇小说，两下里无可奈何的心情，是怎么也不能解决的——"说着说着，话题又转到了她的姊妹身上：

"我们本来来自乡间，父亲是一个地主，少女时代常常有些外来的青年到我们家里来度夏。一年一年，我们姊妹几个都从这些青年里选出来我们现在的丈夫。我的境遇固然不佳，但想起旁人来，也就可以自慰了。姊姊嫁给一个建筑师，后来那建筑师爱上另一个妇人，两人跑到俄国去了。还有一个妹妹，至今没有嫁人。在大战时，她订婚不久，她的未婚夫便上了西部前线。一天德国打了大胜仗，和这消息一齐来到的，还有她未婚夫阵亡的电报。我的父亲为了庆祝前线胜利，把国旗取出来要挂在门前，她却哭着倒在父亲的怀里说，今天无论如何也不要挂旗吧，……”

早餐前，晚饭后，我听了不少类似这样的谈话，这般亲切，好似听着母亲或爱人谈过去的身世一般。参加我们谈话的，还有一个农业专门的学生P君。P君的年龄约在三十左右，已经在农场里做过许多年的工，如今又回到学校里来，预备博士考试。他的身材很高，胆量却很小，博士论文题目从教授处领到已经有三年之久，可是始终没有得到勇气起始写论文第一章的第一个字。房东太太尝以慈母般的关怀问他：

“P先生，你的论文怎么还没有下笔呢？”

“我在搜集材料。”

他的材料似乎永没有搜集完了的一天，而他每天的生活却是慢慢地梳洗，慢慢地吃早餐，慢慢地散步，散步回来吃午餐，午餐后读杂志，读完杂志喝咖啡，随后又是慢慢地切面包，……就这样慢慢而无所从事地过去。——有一回他的母亲从家乡里来看他，他的生活也紧张一番，陪着母亲到各处去玩。一两天后，母亲玩不下去了，临走时向着房东太太说：“我已三十年没到柏林了，柏林改变了许多，我本想多住几天，可是我不忍让我的儿子为我牺牲光阴太多，他正在作博士论文呢。”

母亲走后的当天晚上，房东太太把这段话当我面向P君说了，并且附带着说，“你的母亲若知道你这样把时间不当一回事，不知该做何感想呢。”他敷敷衍衍地答道，“她不会这样想。”同时我却看他的面上显出一种死水般的沉寂，这是我从来没看到过的。

P的生活虽然如此迟缓，但他知道的却又非常之多。艺术，教育，外国的风俗人情，以及文字学常识，他都能说得头头是道。爱西卡卜村本地的人物，他也知道得十分清楚。我若是和他出去散步，他便会指给我，这边住着一个在当时已经有了世界名誉的作家，那边住着一个思想开明的牧师。有一天他向我说，方才在车站上遇见挪威的前代作家卞约生的女儿，经人介绍，知道她是从南欧穿过德国回挪威去。她一入德国境，耳闻目睹的就是国社党和共产党天天在街上打死架，精神窘迫极了，只有在这爱西卡卜村中，还能呼吸一点自由的空气。

这里的空气的确是自由的，住宅区的外层是各色各样的运动场，运动场外是走两三点钟也走不完的松林。居民都像是家人一般，唯一的商店是他们共同组织的消费公社，白天到柏林市中去工作，晚间回来，任随个人的嗜好享受他们所独有的和平。

这种和平却有渐渐维持不下去的趋势。大家都愿意永久保持他们生活的态度，但是外边的风雨一天比一天逼紧，他们无形中也感到一切在那儿转变。这从房东太太的忧虑上可以看得清楚。那年德国举行了两三次总选举，每次总选举的结果都使她怅惘许久。她所希望的并不是社会民主党的票数增加，只是不要减少，但归终还是失望。同时外边传来的消息不是某人家中被检查了，就是某人被解职了。一天，她的丈夫忽然回到家里来，在房中走来走去，一句话也没有。我问她是什么缘故，她说，方才她丈夫送一个朋友入狱，那是《世界舞台》周刊的主任编辑奥赛斯基，因为一篇文章政府认为是泄露了军事秘密……

社会民主党的党人们也深切地体会到他们的弱点，这样和缓而近乎人情，在政治上一定要失败的。他们眼看着国社党的冲锋队在街上横冲直闯，也感觉有组织训练的必要了。于是有些青年组织起国旗护卫团来，也穿着固定的制服，和冲锋队对抗。在爱西卡卜我看见他们一度出现，但不久便不见了，大半是因为人人都有大势已去之感。

在我临行的前夜，我又同房东太太和P君在一起谈话。P君发了无限的感慨：“我是这样的一个人，觉得事事可以用感情讲得通，人人都是可爱的，而无时不想帮助他人。但是事实呢，没有一个人得到我的帮助，如今连自助也感到不可能了。所谓情感是看不出来的，威力反倒受人崇拜。我们在炉边纵谈一晚人类的爱，赶不上一个说谎的人在群众中大声一呼的万分之一。我这一生是命中注定了，但是想不到社会民主党竟也沦落到我这般地步……回想它十年前如何炫耀一时，竟像是我回想我儿时所看到的父母的努力一般。”

屈指离开爱西卡卜已经过了四年。房东太太和P君的近况，我很想知道，但是无从得到他们的消息。我只知道P君所向我提到的作家和牧师都已流亡外国；去年奥赛斯基在牢狱里得到不能领取的诺贝尔和平奖金。——当去秋世界运动会在柏林西郊举行时，我偶尔在报纸上看见了一次爱西卡卜（因为它距运动场不远）这个村名时，曾经为四年前同在那里住着的人们遥祝过一次平安。

罗迦诺的乡村

1937 年，写于吴淞。

乘车穿过了郭塔尔得山洞，便走入瑞士东南的特精省，这是意大利人种的瑞士，一切风物也是南欧的了。最惹人注意的，房屋在山北都是灰色，忽然变为耀目的粉白色——但白色里处处透露着衰老腐旧，反不及北方的灰色那样新鲜。

特精省的南端是罗迦诺城，临着一座爪形的湖，这座湖由意大利和瑞士两国分领。若是坐在汽船上，绕湖一周，左边一站是意大利的，右边一站是瑞士的，虽然居民都说着意大利话，可是一边热狂于法西斯主义，一边是自由和平，百余年不知干戈，对比起来，煞是有趣。

我在湖边的一个小村落里住过一个晚夏的八月。

脚刚踏上轻松的土地，举目一望两旁的浓绿，便深深嗅到浓郁的故乡气味。不只是气候和北平夏季的乡间很相似，就是几种违阔许久的生物，也在这里重逢了：中午是无边无际的蝉声，夜晚窗外时常有窸窸窣窣，那是蝎子在墙缝里出没，更有成群成队的壁虎，灰色的，绿色的，在壁上和草间爬来爬去，有时清早起来，露水未晞，草地上常有大的壁虎，身长逾尺，绿得透明，像是碧玉一般，湖山寂静，它一动也不动，你可以轻轻地在它身旁赏玩许久，不提防有一个大的蝗虫跳出，它也飞箭般跟着窜入草的深处。

植物方面呢，也多是故乡所有的。西瓜、蜜桃，这些暑中的鲜品，都非常肥美；更有那大芭蕉叶子，成荫地伸出矮矮的墙头。只是暗绿色，瘦而长，火焰形的扁柏，三三两两地被移种在别墅里，或是白色的圣母堂旁，给我们一些异乡之感。这可以说是在故乡一样的乡间。

我们背山临水，租下一所小楼。房东是这村里唯一的富户，唯一的“世界人”。据说祖父曾经到非洲去经商，赚下了一些财宝，死后供给儿孙们享用，所以这一家人也无所事事，天冷了到巴黎去过冬，只有夏天才回到家乡；但在家乡也忘不了都市的繁华，晚饭后每每放开收音机，收来（听）都市的音乐，搅得四邻不得清静。

除此以外，远远近近却是异常清静。不但听不到瑞士以外的国家是怎样摩拳擦掌，钩心斗角；就是瑞士以内的事，也好像与他们无干。你若问一个本地人，“你是意大利人吗？”他自然回答你一个“不是”。——再往下问，“你是瑞士人吗？”——那么他便瞪着惊愕的大眼望着你，也不说是，也不说不是，只说，“我是特精省人”。不必和他们谈什么罗马、伦敦，就是本国内的日内瓦、瞿里许，在他们看来也是极辽远的地方，虽说乘车几小时便到。

可是我们在那些严肃的大都市里过过生活的人，骤然来到这里，对于这些疏散无事的“特精省人”，总有一些缺乏信任。——我们在外边飘流无定，无论到什么地方，第一个去处便是邮局，看看有没有转来的信件，或是把新的通信处留在邮局里。但当我行装甫卸，在当地邮局办了一番交涉后，走出来，真是倒吸了一口凉气！

走进邮局，空旷旷的屋里，坐着一个十五六岁的少女。她问我话，我不懂；我用几句临时速成的意大利话向她说，她不懂。后来似乎彼此会意，我在一个纸条上写好了通讯处，交给她，她接过来，点头笑一笑，放在抽屉里，便无事了。一瞥间我望见那抽屉里乱七八糟，甚至还放着一些针线。我很不放心，但事情已经办完了最后一阶段，紧接着只有推门出去。

后来我才知道，那邮局里的局长，邮务员，信差，是三位一体的，这集中的“一体”正是那女孩的哥哥。这位哥哥本来就事务繁重，午饭后又要午睡，睡醒了还要在酒店里喝红酒，所以把邮务员和信差的职务都交给他的妹妹，他自己则悠悠自得，处在局长的地位。

两天后，那少女果然背着一个大信袋，在我们门前出现了，递给我几封初次转来的信。我接到这些信，真是高兴！这是前日交涉并没有误会的证明，但是她笑着不肯走，殷勤地问我："Francobollo？"我知道这字是邮票的意思，但我不明白她为什么这样问我。正犹疑间，她从信袋里取出一个硬纸夹子，里边都是邮票，我才恍然大悟，原来邮票是在她身边带着，问我买邮票不买。我想，这真是方便：邮票既可送上门来，那么新写完的信也可以直接交给她了，落得不出门。但我对于她还是不大信任，邮票固然可以在门前买，可是待发的信还是不肯直接交给她。

我们时常乘公共汽车到罗迦诺城去，沿站都有大小邮包送上来，一次，车子在一个站上停住了，石上坐着一位年老的邮差（这恐怕也是这站上邮局里"三位"集中的"一体"吧），把刚从邮筒里取出的信件一封封地在太阳底下盖邮戳。车到了，他也不慌，下车的人下完了，他也不慌，上车的人上完了他仍然不慌，开车的人耐着性儿等他，一直等到他不慌不忙，把邮戳盖完，把信件包好，放在车上，——才将喇叭一按，加速驶去；回头看，那老邮夫却坐在那块路石上，我望着他，他望着我们的车，直到车拐了弯，两不相见。

像这样的松缓随便，在我们过惯都市生活的人看来，有些看不下去，但同时又觉得也实在亲切可爱。每个大都市的人口动辄号称几百万，可比起全人类来，究竟是极少的少数。至于过着像这里的生活的人们，无论什么地方，还是占人类的大多数。我们到底怎样才对呢，是要使那大多数的人跟我们一样紧张起来才对，还是叫我们这极少的少数去学一学他们的松缓？

那少女几乎天天送我们的邮件来，一封也没有遗失，日子久了我再想起我刚来到时对于信件的那种疑神疑鬼的心，未免太小家气了。——在大都市住久了的人，会一天比一天地变得小家子气。——有一天，她的哥哥送信来了。我真是惊异！穿着制服，戴着制帽，皮靴橐橐，我从来没有看见他这样严肃整齐过。我把信握在手里，不由自主地问：“令妹呢？”他的回答是，家里生了一个小牛。

不久，小牛的诞生传遍了左邻右舍，我们都被邀请去参观小牛。我们在牛棚外看见一畦硕大的番茄，于是我们摘了一篮，付了一些代价，带回家来。从此这一家不但供我们番茄，还时常送来其他的菜蔬和做果酱的苹果。

瑞士的肉类是出名贵的，我们一日三餐，只以菜蔬为主。可是面包常起恐慌。附近没有面包房，每天早晨由一个少年骑着车挨户送，有时却得不到。我们一向是现钱交易，怎么也想不出不送的理由。有一次我们在湖边候船，看见那少年正在码头上放跳板，同他谈起来，才知道清早送面包是他的“兼差”，他的正常职业是在船码头上放跳板。我问他，为什么时常忘记给我们送面包呢？他仿佛在叙说与他无干的旁人的事，所举出的理由也似乎很正大，那是因为我们住房的台阶太高。我听着有些忿忿，同住的某夫人到底乖巧，示意给他，往后不会让他白登高台阶的。——经过这番谈话后，彼此的交情似乎深了一些。第二天，面包按时送到了，某夫人也不失信，送他一支香烟作为登台阶的报酬。他满意接受了。果然，此后每日一支香烟，面包也天天送到。

想不到，住房的台阶高也会这样影响到吃饭问题。然而并不止于送面包一件事。我们的厨房是用煤油炉子烧饭，零买不如整购，到邻村唯一的杂货店里订下一桶煤油，说妥立刻就送来，我们回来后，却空等了一个下午。第二天又去催问，说是昨天店里没有闲人，今天下午一定送到，于是我们回去等着，又等到了黄昏，仍然不见送来。气愤有什么用呢，只好在次日清晨再忍着气去问，店里老板的回答是：

“已经送去了。”

“我们却没有见到。”

于是大家把昨日送煤油的小厮唤来。他理直气壮地说：

“他们的台阶太高，我把煤油交给他们的邻居了。”

回去到邻家一盘问，那桶油放在苹果树下，等它的主人，已经等了一夜。

在这些人们中间住不上几天，大家便熟识了，自己也不知不觉把皮鞋脱去，换上家乡的布鞋，把领带抛开，换上反领的衬衫，时表也用不着，锁在箱子里，自有那日出日落给我们正确的时间——人、动物、植物，好像站在一个行列上，人人守着自己的既不能减损，也不能扩张的范围：各自有他的勤勉，他的懒惰，但是没有欺骗。这样，湖山才露出它们的雄壮。一片湖水，四围是默默无语的青山，山间的云，层出不穷地变幻。有时远远驶来一只汽船，转个圈子，不久又不见了，与这里的世界好像不发生一点关系。

在赣江上

1939年，写于昆明。

在赣江上，从赣州到万安，是一段艰难的水程。船一不小心，便会触到礁石上。多么精明的船夫，到这里也不敢信托自己，不能不舍掉几元钱，请一位本地以领船为业的人，把整个的船交在他的手里。这人看这段江水好似他祖传下来的一块田，一所房屋，水里块块的礁石无不熟识；他站在船尾把住舵，让船躲避着礁石，宛转自如，像是蛇在草里一般地灵活。等到危险的区域过去了，他便在一个适当的地方下了船，向你说声“发财”。

我们从赣州上了船，正是十月底的小阳天气，顺水，又吹着南风，两个半天的工夫，便走了不少的路程。但到下午三点多钟，风向改变了，风势也越来越紧，领船的人把船舵放下，说：“前面就是天柱滩，黄泉路；今天停在这里吧。”从这话里听来，大半是前边的滩过于险恶，他虽然精于这一带的情形，也难保这只风里的船不触在礁石上。尤其是顾名思义，天柱滩，黄泉路，这些名称实在使人有些懔然。

才四点钟，太阳还高高的，船便泊了岸，船夫抛下了锚。四下一望没有村庄。大家在船里蜷伏了多半天，跳下来，同往常一样，总是深深地呼吸几下，全身感到轻快。不过这次既看不见村庄，水上也没有邻船，一片沙地接连着没有树木的荒山，不管同船的孩子们怎样在沙上跳跃，可是风势更紧张了，天空也变得不那样晴朗，心里总有些无名的恐惧：水里嶙峋的礁石好像都无情地挺出水面一般。

我个人呢，妻在赣州病了两个月，现在在这小小的船里，她也只是躺着，不能坐起。当她病得最重，不省人事的那几天，我坐在病榻旁，摸着她冰凉的手，好像被她牵引着，到阴影的国度里旅行了一番。这时她的身体虽然一天天地健康起来，可是她的言谈动作，有时还使我起了一种渺茫的感觉。我在沙地上绕了两个圈子，山河是这般沉静，便没精打采地回到船上去了。

“这是什么地方？”她问。

“没有村庄，不知道这地方叫什么。”

……

风吹着水，水激动着船，天空将圆未圆的月被浮云遮去。同船的孩子们最先睡着了。我也在些起伏不定的幻想里忘却这周围的小世界。

睡了不久，好像自己迷失在一座森林里，焦躁地寻不到出路，远远却听见有人在讲话。等到我意识明了，觉得身在船上的时候，树林化作风声，而讲话的声音却依然在耳，这一个荒凉的地方那里会有人声呢？这时同船的K君轻轻咳嗽了一下。

“我们邻近停着小船吗？”我小声问。

“不远的地方好像看见过一只。”K君说。

“你听，有人在讲话，好像在岸上。”

“现在已经是十二点半了——”K君擦着一枝火柴，看了看表，说出这句话，更增加我的疑虑。

此外全船的人们还是沉沉地睡着。

我也怀着但愿无事的侥幸心理又入了半睡状态。不知过了多少分钟，船上的狗大声吠起来了；船上的人都被狗惊醒，而远远讲话的声音不但没有停住，反倒越听越近。我想，这真有些蹊跷了。

船上的狗吠，船外的语声，两方面都不停息；又隔了一些时，勇敢的K君披起衣服悄悄地走出船舱。这时全船的人都惊醒着，屏息无声，只有些悉索的动作：人人尽其可能地把身边一点重要的物件，望（往）不为人注意的地方放；柴堆里，炉灰里，舱篷的隙缝里……大家安排好了，静候着一件非常的事。

前后都是滩，风把船拘在这里，不能进也不能退，好像是在个魔术师的手里。我守着大病初愈的妻，不知做些什么事才好。忽然黑暗的舱里出现了一道光，是外边河上从舱篷缝里射进来的；这光慢慢地移动，从舱前移动到舱后，分明是那河上放光的物体从我们的船后已经移到我们船头了。这光在舱后消逝了不久，又有一道光射到舱前，仍然是那样移动。

全船在静默里骚动着，妻的心房跳动得很快，只是小孩子们睡得沉沉的。

K君走进来了，轻轻地说：“远远两只划子，一只在前，一只在后，船头都燃着一堆火，从我们的船旁划过。每只划子上坐着两个人，这不是窥探我们船上的虚实吗？”

我听了K君的话，也走到舱外。暗银色的月光照彻山川，两团火光在急流的水上越走越远了。这是他们去报告他们的伙伴呢，还是探明了船上人多，没有敢下手呢？

我望着那两团火光，尽在发呆，狗吠停止了，划子上的语声也听不见了。除去这满船的疑猜和恐惧外，面前是个非人间的，广漠的，原始般的世界。

最后船夫走到我身边，他大半被这满船客人的骚动搅得不能安静地躺在被里了。他说，不要怕，这地方一向是平靖（静）的。

“那么半夜里这两只划子是作什么的呢？”

“那是捉鱼的，白天江上来往的船只多，不便捉鱼。夜静了，正是捉鱼的好时候。鱼见了火光，便都跟随着火光聚拢起来；你看那两只划子的下边不定有多少鱼呢……”

我恍然大悟，顿时想到“渔火”那两个字。

第二天早晨，风住了，船刚要起锚，对岸划来一只划子，上边有两个渔夫。他们好像是慰问我们昨夜的虚惊，卖给我们两条又肥又美的鳜鱼。

妻，幼年生长在海边，惯于鱼虾，对着这欢蹦乱跳的鱼，脸上浮现出病后第一次的健康的微笑。

一棵老树

1941年，写于昆明。

我们搬到这里来时，所遇见的第一个人是一个放牛的老人。他坐在门前的一块石墩上，两眼模糊，望着一条水牛在山坡上吃草。他看见我们几个从城里来的人，我不知道他怎样想法，可是从他毫无表情的面上看来，他是不会有什么感想的。他好比一棵折断了的老树，树枝树叶，不知在多少年前被暴风雨折去了，化为泥土，只剩下这根秃树干，没有感觉地蹲在那里，在继续受着风雨的折磨；从远方望去，不知是一堆土，还是一块石，绝不会使人想到，它从前也曾生过嫩绿的枝叶。他听话也听不清楚，人类复杂的言语，到他耳里，都化为很简单的几个单音。

据林场的主人说，这片山林经营已经将近三十年，一开始时，这个老人就到这里来了。我想，当时他还是一个三四十岁的壮年，他必定也曾经背起斧头，参加过那艰难的披荆斩棘的工作。但是从什么时候起他的筋力渐渐衰减，官感渐渐迟钝，把那些需要强壮的筋力或灵敏的官感的工作一件件地放下来，归终只是从早到晚眼前守着一只笨拙的水牛呢？这个过程一定是缓缓的，漫长的，他若回忆到他的壮年，（如果他有回忆的话，）会比我们苦忆前生还要模糊吧。

时间对于他已经没有意义。气候的转变他也感觉不到，我只看见他春、夏、秋、冬，无论早晚，只是穿着一件破旧的衣裳。他步履所到的地方，只限于四周围的山坡，好像这山林外并没有世界；他掺杂在林场里的鸡、犬、马、牛的中间，早已失却人的骄傲和夸张。他“生”在这里了；他没有营谋，没有积蓄，使人想到耶稣所说的“天上的飞鸟”和“野地里的百合花”。

水牛，好像不是属于这个生物纪的。庞大的身躯，缓缓地在草地上走着，像是古代的生物；原始的力还存留在它的身上。当它仰着头，卧在浅浅的泥水池子里，半个身子都没不下去，它那焦渴的样子使我们觉得这个水渐渐少了的世界，真有点对不住它。把它交在这个老人的手里。是十分和谐的。山坡上，树林间，老人无言，水牛也没有声音，蹒蹒跚跚，是一幅忧郁的画图。因为他们同样有一个忘却的久远在过去，同样拖着一个迟钝在这灵巧的时代。

老人的生活从未有过变动。若有，就算是水牛生小牛的那一天了。他每天放牛回来，有时附带着抱回一束柴，这天，却和看山的少年共同抱着一只小牛进来了。他的面貌仍然是那样呆滞，但是举动里略微露出来了几分敏捷。他把小牛放在棚外，在很短的时间内把那许久不曾打扫过的牛棚打扫得干干净净，铺上焦黄的干草，把小牛放在干草上。他不说话，但是这番工作无形中泄露出一些他久已消逝了的过去。他把小牛安插好了不久，在山坡上生过小牛的老牛也蹒蹒跚跚地走回来了，此后老牛的身后又多了一只小牛。他呢，一番所谓兴奋后，好像眼前并没有增加了什么。

一天下午，老牛不知为什么忽然不爱走动了，老人举起鞭子，它略微走几步，又停住了，他在它面前堆些青草，它只嗅一嗅，并不吃。旁的工人都说牛是病了，到处找万金油，他却一人坐在一边，把上衣脱下来晒太阳。他露不出一点慌张的神色，这类的事他似乎已经经验过好几次，反正老牛死了还有小牛。两盒万金油给牛舔下去后，牛显出来一度的活泼，随后，更没有精神了。山上的人赶快趁着它未死的时候把它拉到山下的村庄里去。老人目送几个人想尽方法把这病牛牵走，并不带一点悲伤。他抽完了一袋烟，又赶着小牛出去了，他看这小牛和未生小牛以前的那只老牛一样。因为他自从开始放牛以来，已经更换过好几只牛，但在他看来，仿佛从头到了，只是一只，并无所谓更换。

可是这老人面前的不变终于起了变化。今年初夏的雨水分外少，山下村庄里种的秧苗都快老了，还是不能插，没有一个人不在盼望云。天天早晨虽然是阴云四布，但是一到中午云便散开了，这样继续了好些天，有些地方在禁屠求雨，因为离湖较远的地方，已经呈露出几分旱象。一天上午，连云也没有了，太阳照焦一切，这是在昆明少有的热天气。老人和平素一样，吃完午饭，就赶着牛出去了。——大家正在热得疲惫，尽在想着午睡的时候，寂静的林场的院子里吹来一阵凉风，同时天气从西北的方向上来了，转瞬间烟云布遍四山，大雨如注。雨继续了三个钟头，山上的雨水到处顺着枯竭了许久的小沟往下流。人人都随着宇宙缓了一口气，一两个从村庄里走到山上来玩耍的农夫准备着雨一止了便跑下山去，赶快插秧，哪怕是天晚了，也要能插多少就插多少。人们尽在雨声里乱谈乱讲，却没有一个人想起外边的大雨里还有两个生命。

雨止了，院子里明亮起来，被雨阻住的鸟儿渐渐离开它们避雨的地方飞回巢里去，这时那老人也牵着小牛回来了。人和牛都是一样湿淋淋的，神情沮丧，好像飓风掠过的海滨的渔村，全身都是零乱。老人把牛放在雨后的阳光里，自己走到厨房里去烘干他那只有一身的衣裤。人们乱忙忙的，仍然是没有人理会他们。等到老人把衣服烘干再走出来时，小牛伏在地上已经不能动转。这只有几个月的小生命，担不起这次宇宙的暴力，被骤雨激死了。

当晚工人们在林边掘了一个坑，把小牛埋在里边。埋葬后，老人还在漆黑的夜色里坑旁边坐了许久。最后，一步步地挪回来。——第二天，我看见他坐在门前的石墩上，手里仍然拿着放牛的鞭子，但是没有牛了。他好像变成一个盲人，眼前尽管是无边的绿色，对于他也许是一片白茫茫吧。几十年的岁月，没有一天没有水牛，他都实实在在地度过了，今天他却有如（我借用一个诗人所爱用的比喻）一个钟面上没有指针。

老牛病死，小牛淋死，主人有些凄然。考虑结果，暂时不买新牛，山上种菜不多，耕地时可以到附近佃户家里去借。所成问题的，是这老人如何安插。他现在什么事也不能作了，主人经过长时的踌躇，又感念他在这里工作了几十年，只好给他一些养老费，送他回家去。

家？不但旁人听了有些惊愕，就是老人自己也会觉得惊奇。他在这里有几十年，像是生了根，至于家，早已变成一个遥远，生疏，再也难以想象的处所了。他再也没有勇气去到那生疏的地方，那里有他的孙儿孙媳，但是他久已记不得他们是什么面貌，什么声音，什么样的人。人们叫他走，说是回家，在他看来，好比一个远征，他这样大的年纪，那里当得起一个远征呢。他一天挪过一天，怎样催他，他也不动，事实上他也不知应该往哪个方向走去。最后主人派了两个工人，替他夹着那条仅有的破被送他——他在后边没精打采，像个小孩学步一般，一步一颠地离开了这座山，和这山上的鸡、犬、木、石。……

第二天，送他的工人回来了，说是已经把他安插在他的家里，人们仍旧在这山上度他们的长昼，谁也没有感到短少了什么。

又过了几天，门外的狗在叫，门前呆呆地站着一个年青的农夫，他说：“祖父回到家里，不知为什么，也不说，也不笑，夜里也不睡，只是睁着眼坐着，——前晚糊里糊涂地死去了。”这如同一棵老树，被移植到另外一个地带，水土不宜，死了。

在山上两年的工夫，我没有同他谈过一句话，他也不知我是哪里来的人。我想，假如小牛不被冷雨淋死，他会还继续在这山上生长着，一年一年地下去，忘却了死亡。

一个消逝了的山村

1942年，写于昆明。

在人口稀少的地带，我们走入任何一座森林，或是一片草原，总觉得它们在洪荒时代大半就是这样。人类的历史演变了几千年，它们却在人类以外。不起一些变化，千百年如一日，默默地对着永恒。其中可能发生的事迹，不外乎空中的风雨，草里的虫蛇，林中出没的走兽和树间的鸣鸟。我们刚到这里来时，对于这座山林，也是那样感想，绝不会问到：这里也曾有过人烟吗？但是一条窄窄的石路的残迹泄露了一些秘密。

我们走入山谷，沿着小溪，走两三里到了水源，转上山坡，便是我们居住的地方。我们住的房屋，建筑起来不过二三十年，我们走的路，是二三十年来经营山林的人们一步步踏出来的。处处表露出新开辟的样子，眼前的浓绿浅绿，没有一点历史的重担。但是我们从城内向这里来的中途，忽然觉得踏上了一条旧路。那条路是用石块砌成，从距谷口还有四五里远的一个村庄里伸出，向山谷这边引来，先是断断续续，随后就隐隐约约地消失了。它无人修理，无日不在继续着埋没下去。我在那条路上走时，好像是走着两条道路：一条路引我走近山居，另一条路是引我走到过去。因为我想，这条石路一定有一个时期宛宛转转地一直伸入谷口，在谷内溪水的两旁，现在只有树木的地带，曾经有过房屋，只有草的山坡上，曾经有过田园。

过了许久，我才知道，这里实际上有过村落。在七十年前，云南省的大部分，经过一场浩劫，有多少村庄城镇在这里衰落了。现在就是一间房屋的地基都寻不到了，只剩下树林、草原、溪水，除却我们的住房外，周围四五里内没有人家，但是每座山，每个幽隐的地方还都留有一个名称。这些名称现在只生存在从四邻村里走来的砍柴、背松毛、放牛牧羊的人们的口里。此外它们却没有什么意义；若有，就是使我们想到有些地方曾经和人生过关系，都隐藏着一小段兴衰的历史吧。

我不能研究这个山村的历史，也不愿用想象来装饰它。它像是一个民族在这世界里消亡了，随着它一起消亡的是它所孕育的传说和故事。我们没有方法去追寻它们，只有在草木之间感到一些它们的余韵。

最可爱的是那条小溪的水源，从我们对面山的山脚下涌出的泉水，它不分昼夜地在那儿流，几棵树环绕着它形成一个阴凉的所在。我们感谢它，若是没有它，我们就不能在这里居住，那山村也不会曾经在这里滋长。这清冽的泉水，养育我们，同时也养育过往日那村里的人们。人和人，只要是共同吃过一棵树上的果实，共同饮过一条河里的水，或是共同担受过一个地方的风雨，不管是时间或空间把他们隔离得有多么远，彼此都会感到几分亲切，彼此的生命都有些声息相通的地方。我深深理解了古人一首情诗里的句子："日日思君不见君，共饮长江水。"

其次就是鼠麹草。这种在欧洲非登上阿尔卑斯山的高处不容易采撷得到的名贵的小草，在这里每逢暮春和初秋却一年两季地开遍了山坡。我爱它那从叶子演变成的，有白色茸毛的花朵，谦虚地掺杂在乱草的中间。但是在这谦虚里没有卑躬，只有纯洁，没有矜持，只有坚强。有谁要认识这小草的意义吗？我愿意指给他看：在夕阳里一座山丘的顶上，坐着一个村女，她聚精会神地在那里缝什么，一任她的羊在远远近近的山坡上吃草，四面是山，四面是树，她从不抬起头来张望一下，陪伴着她的是一丛一丛的鼠麹从杂草中露出头来。这时我正从城里来，我看见这幅图像，觉得我随身带来的纷扰都变成深秋的黄叶，自然而然地凋落了。这使我知道，一个小生命是怎样鄙弃了一切浮夸，孑然一身担当着一个大宇宙。那消逝了的村庄必定也曾经像是这个少女，抱着自己的朴质，春秋佳日，被这些白色的小草围绕着，在山腰里一言不语地负担着一切。后来一个横来的运命使它骤然死去，不留下一些夸耀后人的事迹。

雨季是山上最热闹的时代，天天早晨我们都醒在一片山歌里。那是些从五六里外趁早上山来采菌子的人。下了一夜的雨，第二天太阳出来一蒸发，草间的菌子，俯拾皆是：有的红如胭脂，青如青苔，褐如牛肝，白如蛋白，还有一种赭色的，放在水里立即变成靛蓝的颜色。我们望着对面的山上，人人踏着潮湿，在草丛里，树根处，低头寻找新鲜的菌子。这是一种热闹，人们在其中并不忘却自己，各人盯着各人目前的世界。这景象，在七十年前也不会两样。这些彩菌，不知点缀过多少民族的童话，它们一定也滋养过那山村里的人们的身体和儿童的幻想吧。

这中间，高高耸立起来那植物界里最高的树木，有加利树。有时在月夜里，月光把被微风摇摆的叶子镀成银色，我们望着它每瞬间都在生长，仿佛把我们的身体，我们的周围，甚至全山都带着生长起来。望久了，自己的灵魂有些担当不起，感到悚然，好像对着一个崇高的严峻的圣者，你不随着他走，就得和他离开，中间不容有妥协。——但是，这种树本来是异乡的，移植到这里来并不久，那个山村恐怕不会梦想到它，正如一个人不会想到它死后的坟旁要栽什么树木。

秋后，树林显出萧疏。刚过黄昏，野狗便四出寻食，有时远远在山沟里，有时近到墙外，作出种种求群求食的嗥叫的声音。更加上夜夜常起的狂风，好像要把一切都给刮走。这时有如身在荒原，所有精神方面所体验的，物质方面所得获的，都失却了功用。使人想到海上的飓风，寒带的雪潮，自己一点也不能做主。风声稍息，是野狗的嗥声，野狗声音刚过去，松林里又起了涛浪。这风夜中的嗥声对于当时的那个村落，一定也是一种威胁——尤其是对于无眠的老人，夜半惊醒的儿童和抚慰病儿的寡妇。

在比较平静的夜里，野狗的野性似乎也被夜的温柔驯服了不少。代替野狗的是麂子的嘶声。这温良而机警的兽，自然要时时躲避野狗，但是逃不开人的诡计。月色朦胧的夜半，有一二猎夫，会效仿麂子的嘶声，往往登高一呼，麂子便成群地走来。……据说，前些年，在人迹罕到的树丛里还往往有一只鹿出现。不知是这里曾经有过一个繁盛的鹿群，最后只剩下了一只，还是根本是从外边偶然走来而迷失在这里不能回去呢？反正这是近乎传说了。这美丽的兽，如果我们在庄严的松林里散步，它不期然地在我们对面出现，我们真会像是 Saint Eustache 一般，在它的两角之间看见了幻境。

两三年来，这一切，给我的生命许多滋养。但我相信它们也曾以同样的坦白和恩惠对待那消逝了的村庄。这些风物，好像至今还在述说它的运命。在风雨如晦的时刻，我踏着那村里的人们也踏过的土地，觉得彼此相隔虽然将及一世纪，但在生命的深处，却和他们有着意味不尽的关连。

人的高歌

1942年，写于昆明。

大家游西山回来，坐在滇池的船上，回望西山的峭壁，总不免要把那峭壁上凿出来的龙门作为谈话的资料。有人在赞叹宗教的力量，它使人类在大地上创造些足以与雄壮的山川相抗衡的事物。回想南、北朝，佛教全盛的时代，尤其是在北朝，有多少人，无论是僧或俗，发了愿心，在山西，在河南，在甘肃，从没有树林的枯山里凿出多少伟大的石窟，使我们在那里行旅的人除却放眼所见到的混浊的河水，无边的黄土外，偶然还能遇到宁静的庄严的石像。我们的身体虽然浴在黄土里，但是我们的心情对着那些石像，或者会感到天空一般地晴朗。并且，在这类的工程前，无时不觉得人的手是怎样地在那里活动。

“这峭壁上一段小小的工程，比起云冈、敦煌等地的石窟来，真是小巫见大巫了。”M君这样说。

C君，略微知道一些昆明的掌故，听了这话，不以为然，他说道：

“不能这样比。你要知道，像云冈，像敦煌，以及河南的龙门，多半是从南、北朝开端，经过隋、唐，一直到宋时，还在那儿开凿，那是几世纪内，千万只手的成绩。而这里的龙门规模虽然小，却是一个人左手持凿，右手持锤，只是两只手一点一点地凿成的——”

M君不回答，C君回转头来，望着山腰上的三清阁继续说：

“这是一个人用坚强的意志凿成的。在乾隆年间有一个石匠，不知那时就是一个道教徒呢，还是后来才成为道士。他姓吴，他在没有正式工作的时候，也离不开他的凿和锤，他在昆明城内或四郊到处走着，看见路上或桥上有什么残败的地方，就施展开他手里的工具加以修补。一天他正在西郊修补一座小石桥，对面来了一个人用手指着那峭壁向他说，你看那巉岩，那上边有一座石室，从三清阁到石室是没有道路的，人们只在岩石边架上一条铁索。人在铁索上走着，稍一不慎，便会跌落到湖里。况且铁索如今也朽败不堪了，你为什么不一劳永逸，因山就势，开凿出一条石路呢?

“那石匠听了，望着西山的峭壁，心中就从岩石里盘算出一条宛宛转转，高下不平的小路。不久他开始了他的工作：左手持凿，右手持锤，不顾寒暑，不管风天或雨天，日日和那顽固的岩石搏斗。他不受任何人的帮助，十多年如一日，终于完成了我们方才登临过的那条石路。这十多年的工夫，是单调的，没有什么事迹可说，除却一凿一锤从早到晚的声音外，恐怕这人连话都没有说的机会。

“现在逛西山的人，没有一个不到那里去玩一玩眺望湖景。就艺术来看，它当然抵不住云冈的任何一个石窟，但它的开凿人的意志是值得我们钦佩的。尤其是因为他在刚凿成的那一年便死去了。”

M 君听了这段话，也不敢再小看这段工程了。只是说了一句：“这类的故事，恐怕当时在云冈，在敦煌也少不了吧。”其他的人都好像得到一种启示似的，觉得意志坚强的人在他的事业未完成前是不会死去的，假如那工程再延长五年，他也许会晚死五年吧。

这时同游的友人里有一位T君，显着很沉默，当大家正在唏嘘赞叹的时刻，他说：“我望着这湖水总爱想到海，方才我听完这段不言不语，与岩石搏斗的故事，不知怎么想起一个和海水有关系的人了。

“我的原籍是河北省离海不远的一县，我虽然不生长在那里，童时却常常听家人谈到那县里的故事。因为地近海滨，那里的人多是以航海为业的。在海禁没有大开，轮船还没有行驶的时候，海上就只有这些人驾着帆船驶来驶去。轮船盛行之后，它们也并没有完全绝迹。直到近些年来，那些航海者的子孙有的才渐渐改了职业。他们当时的航线相当长远。近的是在渤海里穿来穿去，远的就到上海或是朝鲜、日本的沿岸，有时甚至到了南洋。

“那时，一只船从大沽口开出去，往往是经过一年半载才能够回来。船上的人们把一切交托给那靠不住的海洋，既然以此为业，也就视以为常，并不觉得这是冒险。受苦的却是丢在家里的母亲和妻子们，在她们的想象中，海是多么可怕，随时都在展开涛浪可以把她们的儿子或丈夫所驾驶的小帆船吞咽下去，并且在这中间再也不能得到他们的信息。他们一离开家门，母亲常常就起始吃素，妻子就起始夜夜衣带不解地睡觉，这都是表示同海上的人共甘苦的意思。这样割舍一切的舒适，直到他们有一天回来为止。有的，当真不幸，在海上遇见飓风或是触到礁石，埋葬在海里了，慈爱的母亲往往就一直地吃着素，忠实的妻子一直地和衣睡觉，一年一年地梦想着他们还有回来的那一天。海上的飓风，海里的礁石，在她们想象中具有极神秘的意义。飓风是来去无定，不可捉摸；礁石呢，在远处的也模糊不清，但是在渤海内，尤其是从大沽口到营口一条最常走的航线上，因为走的次数太多了，听人讲的次数也太多了，所以哪一带有礁石，哪一带常常出危险，她们知道得最为清楚。

“我的原籍是一片硇地，不用说五谷不能生长，就是院子里想种一点花草，都必须到天津去取些泥土放在花盆里栽。粮食必须到外处去运，所以往营口的那条航线就成了那一带居民的生命线了。在这线上有一块只有两三个渔村的荒岛，附近的礁石最多，遇风暴或浓雾时最容易迷失方向，远处也许有比这里更凶险的地方，但是人们死在这里的最多。——在许多年前，也许是我祖母的儿童时代，有一只船跟平素一样在一个风平浪静的早晨从大沽口起锚出发了。走了两三天，正在这荒岛的附近，海上起了暴风，这只船触在礁上沉没了。其中有一个人，在垂死的时候遇了救，被另一只船载到营口。

“这人在垂死的时候遇了救，觉得仿佛又换了一个生命一般，同时想到那无情的礁石和全船将沉时恐怖的情况以及自己临死时的心情，刹那间就决定了一件事：在那荒岛上为什么不建筑起一座灯塔呢？

“从此他就飘流在营口一带。他在他的家乡成了一个传说中的人物：有的说他死在海里了，有的说他遇了救不知流落在什么地方，有的说在营口街上被同乡看见过，好像成为乞丐。他家里的妻子，不管这些传说是怎样分歧，反正在他没有回来之先，只有过着白天吃斋念佛，夜里和衣而卧的生活。——他本人呢，却像是化缘的和尚一般，到处请求布施，说是要在一座荒岛上建设一座灯塔。

“陆地上的人很少有人想到海。谁听他这样荒唐的话呢？他用尽种种的言辞，反来复去地使人相信他所说的不是谎话。有的是相信了，但大半的人以为他不是个疯子，便是个骗子。一天一天地过去，所募到的钱距离他所希望的数目还太远，同时他的身体也一天天地衰弱下去。他想，在他未死前完成这件事，他不能不想出一种残酷的方法。就是把自己的手指用布缠起，浸上菜油，在不肯施舍的人们的面前，把那块缠在手指的油布用火点燃，让火慢慢地燃到指尖。他说，在那荒岛旁，不知有多少人无辜地丧了性命，不知使多少人家的妻子一直到死不得安眠，这一点手指尖上的痛苦算什么呢？横在我的乡人的面前的，那个可怕的运命就永久不会避免了吗？果真如此，我这两只手又有什么用途呢？

“最后等到他的钱够建筑一座灯塔时，他的十指几乎都烧到了。他在营口出重资雇了几位泥水匠，率领着他们到了那只有两三个渔村的荒岛，开始了他们建塔的工作。有时在晴朗的日子，同乡的船在离岛不远的地方走过，远远望得见岛上有人在那儿活动。但不知是作些什么。船有的开去，有的开回来，岛上的人们围着活动的那个东西渐渐长高了，也不知是什么。因为那岛对于他们是非人间的神秘的地方，也许是有什么神或鬼在那儿作祟。直到一天的傍晚，岛上高高的建筑上不见有人活动了，却放出橙黄色的光来，才似信似疑地想到，也许是一座灯塔吧？

“建塔的人从此就天天在那塔上走上走下，在雾里，在风雨里，在海上的黄昏里，燃起一点比长庚星的光大不了多少的橙黄色的灯光。船上的人们望着这点光，分辨得出方向，他们怀着感谢的心情，以为是岛上有什么仙人出现，在怜悯他们。

“那人后来衰老得不成样子，但是他认为他是不能死的，因为塔上的灯光一天也不能缺少。据说，一天他病势很重了，他勉强爬到塔顶，燃着了灯，再也走不下来，他就望着那盏灯光，永久地闭上了眼睛。当时的海上起了很大的风涛……”

我们的船在湖上慢慢地走着，大家倾听T君的这段话，感到兴奋。在T君刚一闭口的时候，C君说出他的感想：

“方才我说完那段石工的故事，M先生曾经说，这类的故事恐怕当时在云冈，在敦煌也少不了吧。我这时也觉得，在深山，在大海，在许多穷乡僻壤，也总少不了与这建塔者类似的故事。人间实在有些无名的人，躲开一切的热闹，独自作出来一些足以与自然抗衡的事业。”

山村的墓碣

1943 年，写于昆明。

德国和瑞士交界的一带是山谷和树林的世界，那里的居民多半是农民。虽然有铁路，有公路，伸到他们的村庄里来，但是他们的视线还依然被些山岭所限制，不必提巴黎和柏林，就是他们附近的几个都市，和他们的距离也好像有几万里远。他们各自保持住自己的服装，自己的方言，自己的习俗，自己的建筑方式。山上的松林有时稀疏，有时浓密，走进去，往往是几天也走不完。林径上行人稀少，但对面若是走来一个人，没有不向你点头致意的，仿佛是熟识的一般。每逢路径拐弯处，总少不了一块方方的指路碑，东西南北，指给你一些新鲜而又朴实的地名。有一次我正对着一块指路碑，踌躇着，不知应该往哪里走，在碑旁草丛中又见到另外一块方石，向前仔细一看，却是一座墓碣，上边刻着：

一个过路人，不知为什么，

走到这里就死了。

一切过路人，从这里经过，

请给他作个祈祷。

这四行简陋的诗句非常感动我，当时我真希望我是一个基督徒，能够给这个不知名的死者作一次祈祷。但是我不能。小时候读过王阳明的《瘗旅文》，为了那死在瘴疠之乡的主仆起过无穷的想象；这里并非瘴疠之乡，但既然同是过路人，便不自觉地起了无限的同情，觉得这个死者好像是自己的亲属，说得重一些，竟像是所有的行路人生命里的一部分。想到这里，这铭语中的后两行更语重情长了。

由于这块墓碣我便发生了一种从来不曾有过的兴趣：走路时总是常常注意路旁，会不会在这寂静的自然里再发现这一类的墓碣呢？人们说，事事不可强求，一强求，反倒遇不到了。但有时也有偶然的机会，在你一个愿望因为不能达到而放弃了以后，使你有一个意想不到的得获。我在那些山村和山林里自然没有再遇到第二座这样的墓碣，可是在我离开了那里又回到一个繁华的城市时，一天我在一个旧书店里乱翻，不知不觉，有一个二寸长的小册子落到我的手里了。封面上写着："山村的墓碣"。打开一看，正是瑞士许多山村中的墓碣上的铭语，一个乡村牧师搜集的。

欧洲城市附近的墓园往往是很好的散步场所，那里有鲜花，有短树，墓碑上有美丽的石刻，人们尽量把死点缀得十分幽静，但墓铭多半是千篇一律的，无非是"愿你在上帝那里得到永息……"一类的话。可是这小册子里所搜集的则迥然不同了，里边到处流露出农人的朴实与幽默，他们看死的降临是无法抵制的，因此于无可奈何中也就把死写得潇洒而轻松。我很便宜地买到这本小册子，茶余饭罢，常常读给朋友们听，朋友们听了，没有一个不诧异地问：“这是真的吗？”——但是每个铭语下边都注明采集的地名。我现在还记得几段，其中有一段这样写着：

我生于波登湖畔，
我死于肚子痛。

还有一个小学教师的：

我是一个乡村教员，
鞭打了一辈子学童。

如今的人类正在大规模地死亡。在无数死者的坟墓前，有的刻上光荣的词句，有的被人说是可鄙的死亡，有的无人理会。可是瑞士的山中仍旧保持着昔日的平静，我想，那里的农民们也许还在继续着刻他们的别饶风趣的墓碣吧。有时我为了许多事，想到死的问题，在想得最严重时，很想再翻开那个小册子读一读。但它跟我许多心爱的书籍一样，尘埋在远远的北方的家乡……

动物园

1944 年，写于昆明。

他的壮年是在印度、南非、南美，那些浓郁而旷野的地方度过的。他如今头发白了，扶着栏杆走上他四层楼的住所，常常发喘，有时甚至要在楼梯旁的小凳上坐下休息几分钟才能继续往上走，可是他一谈到他往年在南方的经验，尤其是他那痴情的放荡的畋猎生活，他的两眼便发出炯炯的光。他立刻打开他的照相簿给人看。

"你们看，这是在印度打的一条虎。那时我住在一座遍处都是草莽的山上。山附近常常有虎出没，你们知道吗？黄昏时若是骑着马在草莽中间走过，马一听到虎叫的声音，便战栗起来，随后全身痉挛，一步也不敢前进。这时候骑马的人真窘。有些天，虎闹得太凶了，我们想起一个方法，把一匹病得要死的马拴在一棵树下，大家远远近近地埋伏在草里边。月夜里，虎叫起来了，病马早已吓得和死马一样。几分钟后，虎出现了，向着这匹病马跑来，我们的枪弹便一起放射——第二天早晨，就照了这幅死虎的像。”

他又一页一页地翻下去，“看，这是非洲的一只野猪。那回又是在荒原里搭起帐篷。夜半，人们都睡熟了，忽然在睡梦中听见我的狗发出一声狂叫，提着灯走出来一看，我那条从家乡带出来陪我走遍世界的狼犬已经血淋淋地倒在地上，据说是被豹子咬死了。第二天，我们把一切准备好，要替我的狼犬报仇，举行一次盛大的猎豹的出征。但是豹的踪迹遍寻不得，树林里出现了野猪。你们知道猎野猪的方法吗？你万不可迎面射击它，因为它若是中了弹，就只知道死命地向前冲，你就有被它撞死的危险。最好是躲在旁边，向它的腹部射去，说不定它会撞死在一棵大树上……

“那真是使人鼓舞的事，”他把簿子合上，“在荒野的地方猎取野兽。我们这里有什么趣味呢，背着猎枪射下几只林中的飞鸟，架着苍鹰捉几个草间的走兔，或是牵着猎犬追踪麋鹿的踪迹。

“还有南美洲。亚马孙河的上游，丑恶的鳄鱼在水陆之间爬上爬下，但是最荫凉的地方，在你面前会不知不觉地展开一片 Victoria regia，叶子那样大，花色那样惨白，会冷透了你的心。也就是在最凶险的地方，才有这奇异的美景，你们可知道，在虎豹称雄的山上也常常有孔雀飞舞吗？——Victoria regia，孔雀，在我们这里是梦境，在那里却是真实。”

他这样说着，人们看着他颤巍巍的身躯还在放射着他往日的英勇，他的四壁悬挂着的猎具上仿佛还没有退尽野兽的血腥，虫蛇的毒液。但是从窗外望下去，是汽车电车永不停息的繁华的大街，街两旁开设着最新式的商店和咖啡店。晴朗的下午，咖啡店把桌椅都摆在大街的两旁，坐遍各色各样的男女。大都市里复杂的声音侵到这屋子里来，更显出这老人的寂寞。他退居在这里，将近十年了。他常常说：“我真愿意再有一次青春，到远方的广大的世界里驰骋一番呢。”他有时又把对面的窗子打开，

“你们看这边的动物园，对于我是快乐，也是痛苦。快乐的是我低头望着这广大的园子，里边无数的生命至少还使我感到往日的真实，痛苦的是铁笼木栏使那些生命都渐渐变了本质。我在这里住了这么久，就很少听过一次虎啸或狮吼，只有夜半，我的梦回翔在赤道以南的地带，忽然听到一声吼叫，惊醒过来，不知道声音是从梦中来的，还是从下边的动物园里。”

打猎的人爱谈打猎的故事，说得过分地夸张而玄妙时，往往使听者嫌厌。但是这老人谈得总是很有趣味，从来不曾使人感到单调过。许多青年人都爱爬上他那四层楼的楼梯去听他娓娓动听的故事。他多少年的光阴都在他乡度过，回到故乡后，故乡的一切都变得生疏了，曾经消谢过他华年的那些地方反倒成为他所怀念的家乡。

他天天早晨到动物园里散步，好像怀着无限的乡愁。虎、豹、狮、斑马、鳄鱼……每个兽的身上都放散出他所熟识的，它们所特有的气息，可是它们都短少它们所应有的背景：热带的沙漠，森林里的沼泽，一望无边的草莽。尤其是一天亮就开始睡眠的大蝙蝠把灰色的翅膀挂在枯树枝上，彩色（色彩）斑斓的毒蛇盘在松树干上，一动也不动，这和标本室里那些死的模型有什么分别呢？他常自言自语地说："这些生物闭锢在这里，有如沦亡了的部落的后裔，成为人家的奴隶，被人运到这里，运到那里，任人摆布，他们的血里还有那样的呼声吗，向着旷野，向着森林，向着远方的自由？"

园子里更使他恋恋不舍的是栏杆上挂着的牌子，上边写有："虎，印度产""斑马，非洲产"……这类无声无息的死的文字里隐伏着多少辽远的山川！无数的远方，无数他再也不能看见的奇景，都藏在这几个字里，有如古代的画，只画出人物，至于人物背后的山水树木，只用单字标明，——可是这单字里含有多少真实的意义！

从死的字里唤回当年活的山水，他感受得一天比一天深。他绝没有勇气说：“我抛掉眼前的这几个死的字，再去过一番那无边的犷野的泼辣的生活。”他自己的身体不允许他，外边也绝不会给他送来一个这样的机会。他将要长此望着这些笼里的，栏里的，没有背景的野兽一天一天地衰老下去……

但是，一天机会来了，战争来了。街上喧嚣起与往日不同的人声，铁路上日日开走与往日不同的列车。下午几个常常到他这里来的听他讲故事的青年来的次数也减少了，后来索性有的就不见了。但是动物园里没有一些改变，虎的眼珠里，豹的跳跃里，并没有什么奇异的预感，至于蛇，至于大蝙蝠，仍旧默默地没有声息……

他渐渐听说，某处有空袭了，某个城市被炸了，而他的周围和他面前的动物园还是没有变动。一切都是战时状态了，他却以为，敌人的飞机绝不会到他的头上飞翔，炸弹也不会落在这一片和平的动物园里。

空袭渐渐多了，终于也轮到他所居住的这座城市。警笛响了，好像与他无干；刹那间街上的行人都不见了，他心里感到一度异样的凄凉；机声响了，高射炮声响了，枪声响了，炸弹的声音，飞机陨落的声音，随后机声远了，剩下一片他从未经验过的死寂。打开窗子望出去，有几处冒着浓厚的黑烟……

但是被炸的地方越来越近，有一次空袭后，附近的一座大厦炸去了三四层。广场的树枝上悬挂起半条人腿……

一向以为不相干的，远方的事如今都到了近旁，他才起始为这广大的动物园担心，它像是一片眼看就要泛滥的湖水，水位一天比一天增高。

动物园里游人的数目也在减少，这不是什么好的预兆，他每天早晨到那里边去散步，反倒去得更早回来得更迟了。他享受着眼前的风平浪静，担心着暴风雨的到来，同时又好像在期待着它的到来。

一天，他又在望着“印度产”“非洲产”……那些死的文字发呆，警笛鸣了，紧接着机声响了，回家去是不可能的，只好躲在附近的一座土丘下边。大批的飞机飞到他头上的天空，他分不清哪些是敌人的，哪些是自己的。立刻有一片射击，轰炸，爆裂，陨落的声音，混在一起，忽然他面前飞起一只孔雀，转瞬间他仿佛又是置身于印度的草原，望见几十成群的孔雀在空中飞舞，眼前都是孔雀的羽毛，一片绿，一片昏黄，他失去了知觉。

最后，四围的寂静唤醒了他。世界完全改变了。六七十步远的地方就血肉狼藉地躺着一部分野兽的死尸，勉强认得出来的是：这里一条虎腿，那里一个豹头，这里一条狐尾，那里一段斑马的颈子，这些最勇猛的，或是最狡猾的生物都没有能够保住它们的生命，好像宇宙经过一番只有在洪荒时代才能有的浩劫，使他不相信这是事实。但是他走到湖水边，那里的铁网也断了，鳄鱼、龟、蛇，都还守着它们原有的位置，没有声音，也没有动作，只有海狸正从水里爬到一大块洁白的石上，在美好的日光下晒它润泽的皮毛。麀鹿却早已越过它们的木栏，在行人的路上荡来荡去。还有柔顺的意大利种的大耳白兔，暹罗种的灰黄色的猫在一片碧绿的草坪上跳跃，假使没有那几处狼藉不堪的血肉和残败的铁栏木笼，真会使人疑心这是宇宙初创的第七日，和平，寂静……但是动物园外，有的房顶上冒起浓烟，有的窗子里吐出火焰，救急的汽车在大街上吼着，没有停息。

他的心情对于这个景况不曾有过一点准备，正在彷徨时，不知受了什么启示，不自主地走出动物园的门。想不到空旷的大街已经成了动物的世界，咖啡店前石板的桌子上聚集起各色各样的猴子，在跳跃，在争夺，打成一片。广场上有粗笨的鸵鸟在那里兜圈子，好像要放开腿奔跑，可是又跑不开。

一座旅馆的门前，平素总侍立着一个古装的侍童，如今却是一个高大的黑熊不住地在那里扒弄着旅馆的玻璃门。两只奇拉夫立在街心，伸出它们的细长的脖颈，有两丈高，仿佛高大的桅樯。平滑的柏油路上奔驰着高山地带的羚羊，草原中的野狸……还有各样一时叫不出名称的四足兽。他忽然回头一看，后面摇摇晃晃走来一只西藏高原的犛牛。在这样一条最近代，最繁华的街上忽然出现这么多离奇的生物，他的耳目迷离，他的心神眩惑了。

再也没有争奇夺艳的妇女，再也没有衣履翩翩的绅士，正午的阳光下他好像又恢复了青春，回到他所梦想的犷野的热带。他壮年的血又在他身内循环，他从他的记忆里唤回来沙漠，唤回来沼泽，唤回来森林。两旁的华丽的建筑正在向着原始转变时，他忽然听到了一辆狂吼的卡车停住了，紧接着一片枪声，立刻击中了一只鸵鸟，一只羚羊，还有那旅馆门前的黑熊，同时也唤醒他壮年时畋猎的雄心。

"我回去取我的枪去！"他定一定神，辨一辨方向，向四下一望，已经望不见他居住的那座楼。

（附记）一天，报纸上登载着，欧洲某大城市的动物园被炸，许多野兽都跑到繁华的大街上。这段新闻使我想起十年前在欧洲一座城市里认识的一个好畋猎的老人，我于是写了这么一篇小东西来纪念他。

忆平乐

1943 年，写于昆明。

六年前，十一月下半月里的一个早晨，我们在桂林上了一只漓江上的民船。那时正是长沙大火后，各地方的难民潮涌一般地到了桂林。抗战以来，如果说南京失守是第一个挫折，那么武汉撤退显然是第二个挫折了，大家不知道此后的局势将要怎样发展，但对于将来都具有信心。人们好像很年轻，报纸上虽然没有多少好消息，同时几乎天天要跑警报，可是面貌上没有一些疲倦。并且人人都以好奇的眼光观看这很有特性的城市。他们不但没有抱怨，反倒常常怀着感谢的心情说：“若不是抗战，怎么会看到这里的山水。”

在桂林住了半个多月，全国各地的一举一动都会在这里发生感应。但是一上了漓江的船，就迥然不同了，初冬的天空和初冬的江水是一样澄清，传不来一点外边的消息。我立在船头，当桂林的那些山峰渐渐在我面前消逝时，我心里想：十月的下旬在赣江上，十一月的下旬在漓江上，一东一西，中间隔着四四方方的湖南那么一大省，但是民船，两个地方却没有一点不同，同样的船篷，同样的船身，同样的船夫撑船的姿势。从空间我又想到时间：在战前，在百年前，甚至在千年前，漓江上的航行也必定没有多少变化。山是那样奇兀，水是这样清澈，江底的石块无论大小都历历可数。此外就是寂静，寂静凝结在前后左右，好像千军万马也不能把这寂静冲破。

俗话说，桂林山水甲天下，至于山水的奇丽还要算漓江。船过了大圩，这条江水便永久被四面的山包围起来了。船在水中央，仿佛永久在一座带形的湖里。船慢慢地走着，船上的人没有事做，只有望着四围的山峰。经过长久的时间，山峰好像都看熟了，忽然转了一个大弯子，面前的山峰紧接着也改变了形象，原来船已经走出这“带形的湖”又走入一座新的“带形的湖”里。山的转变无穷，水也始终没有被前面的山遏住。这样两天，过了阳朔一直到了平乐。

在平乐，我们找到了一辆汽车要经过柳州、南宁到龙州去。往南越走越热，临行的前一天，妻的身上穿着棉衣，她说想做一件夹衣预备在热的地方穿，但恐怕来不及了，因为汽车在第二天清早就要开行。我说，我们不妨到裁缝铺里试一试。我们于是在临江的一条街上买了一件衣料，随后拿着这件衣料问了几家裁缝铺，都异口同音地说来不及了。最后到了一家，仍然是说来不及了，但口气不是那样坚决，不可能中好像含有一些可能的意味。我们也就利用这一点可能的意味向那裁缝恳求：

“如果你在今晚十二点以前把这件衣服缝好，我们愿意出加倍的工资。”

“加倍的工资，我不要；只怕时间来不及了。若是来得及，一件夹袍是一件夹袍，工资无须增加。”

“我们也是不得已，因为明天清早就要到柳州去。”

我们继续恳求，最后那裁缝被我们说动了，他说，“放在这里吧，我替你们赶做——”

我们把旅馆的地址留给他，继续到街上料理其他的琐事。晚饭后，一切都已收拾停当。我们决定早一点睡，至于那件夹衣，第二天清早去取，想不会有什么耽搁。想不到睡得正熟的时候，忽然有茶房敲门，说楼下有人来找。我睡眼蒙眬地走到楼下，白天的那个裁缝正捧着一件叠得好好的夹衣在旅馆的柜台旁立着。他说，这件夹衣做好了，在十二点以前。

我当时很感动，我对于我的早睡觉得十分惭愧，我接过来那件夹衣，它在我的手里好像比它本来的分量沉重得多。我拿出一张一元的纸币交给那个裁缝，他找回我两角钱，说一声“一件夹袍八角钱”，回头就走了。我走上楼，把夹袍放在箱子里，又躺在床上，听着楼下的钟正打十二点。

六年了，在这六年内听说广西省也有许多变化，过去的事在脑里一天比一天模糊。入秋以来，敌人侵入广西，不但桂林、柳州那样的大地名天天在报纸上出现，就是平乐也曾经一再地在报纸上读到。当我读到“平乐”二字时，不知怎么，漓江边岸的风光以及平乐的那晚的经验都引起我乡愁一般的思念。如今平乐已经沦陷，漓江一带的山水想必还是和六年前没有两样，可是那个裁缝，我不知道他会流亡到什么地方，我怀念他，像是怀念一个旧日的友人。——朋友们常常因为对于自己的民族期望过殷，转爱为憎，而怨恨这个民族太没有出息。但我每逢听到一个地方沦陷了，而那地方又曾经和我发生过一些关系，我便对那里的山水人物感到痛切的爱恋。

并且，在这六年内世界在变，社会在变，许多人变得不成人形，但我深信有许多事物并没有变：农夫依旧春耕秋收，没有一个农夫把粮食种得不成粮食；手工艺者依旧做出人间的用具，没有一个木匠把桌子做得不成桌子，没有一个裁缝把衣服缝得不成衣服；他们都和山水树木一样，永久不失去自己的生的形式。真正变得不成人形的却是那些衣冠人士：有些教育家把学校办得不成学校，有些政客把政治弄得不成政治，有些军官把军队弄得不成军队。

现在敌人正在广西到处猖獗，谣言在后方都市的衣冠社会里正病菌似地传布着，我坐在屋里，只苦苦地思念着漓江上的寂静和平乐的那个认真而守时刻的裁缝：前者使人深思，后者使人警醒。

后记

1946 年冬，写于北平。

三十一年的秋天，从过去写的散文中抽出十篇性质相近的，集在一起，按照年月的先后编成一个集子，在封面上题了“山水”两个字，随后又信手写了一篇跋语：

“十几年来，走过许多地方，自己留下的纪念却是疏疏落落的几篇散文。或无心，或有意，在一些地方停留下来，停留的时间不管是长到几年或是短到几点钟，可是我一离开它们，它们便一粒种子似的种在我的身内了：有的仿佛发了芽，有的则长久地沉埋着，静默无形，使人觉得更是一个沉重的负担。我最难忘怀的，譬如某某古寺里的一棵千年的玫瑰，某某僻静的乡村礼拜堂里的一幅名画，某某海滨的一次散步，某某水上的一次夜航……这些地方虽然不在这小册子里出现，但它们和我在这里所写的几个地方一样，都交织在记忆里，成为我灵魂里的山川。我爱惜它们，无异于爱惜自己的生命。

“至于这小册子里所写的，都不是世人所谓的名胜。地壳构成时，因为偶然的遇合，产生出不寻常的现象，如某处的山洞，某处的石林，只能使我们一新眼界，却不能使我们惊讶造物的神奇。真实的造化之工却在平凡的原野上，一棵树的姿态，一株草的生长，一只鸟的飞翔，这里边含有无限的永恒的美。所谓探奇访胜，不过是人的一种好奇心，正如菜蔬之外还想尝一尝山珍海味；可是给我们生命的滋养最多的并不是那些石林山洞，而是碧绿的原野。自然本身不晓得夸张，人又何必把夸张传染给自然呢。我爱树下水滨明心见性的思想者，却不爱访奇探胜的奇士。因为自然里无所谓奇，无所谓胜，纵使有些异乎寻常的现象，但在永恒的美中并不能显出什么特殊的意义。

“对于山水，我们还给它们本来的面目吧。我们不应该把些人事掺杂在自然里面：宋、元以来的山水画家就很理解这种态度。在人事里，我们尽可以怀念过去；在自然里，我们却愿意万古长新。最使人不能忍耐的是杭州的西湖，人们既不顾虑到适宜不适宜，也不顾虑这有限的一湖湖水能有多少容量，把些历史的糟粕尽其可能地堆在湖的周围，一片完美的湖山变得支离破裂，成为一堆东拼西凑的杂景。——我是怎样爱慕那些还没有被人类的历史所点染过的自然：带有原始气氛的树林，只有樵夫和猎人所攀登的山坡，船渐渐远离了剩下的一片湖水，这里，自然才在我们面前矗立起来，我们同时也会感到我们应该怎样生长。山水越是无名，给我们的影响也越大；因此这些风景里出现的少数的人物也多半是无名的：但愿他们都谦虚，山上也好，水边也好，一个大都会附近的新村里也好，他们的生与死都像一棵树似的，不曾玷污了或是破坏了自然。”

等到第二年九月，《山水》在重庆的一个书局出版时，由于一时的疏忽，这篇不及一千字的短文却没有印在书的后边。如今重新编定这本小书，又加上三十一年以后的三篇，再把它重读一遍，觉得它并没有失却它充作跋语的意义。这种对于自然的看法，我不能不感谢昆明七年的寄居。昆明附近的山水是那样朴素，坦白，少有历史的负担和人工的点缀，它们没有修饰，无处不呈露出它们本来的面目：这时我认识了自然，自然也教育了我。在抗战期中最苦闷的岁月里，多赖那朴质的原野供给我无限的精神食粮，当社会里一般的现象一天一天地趋向腐烂时，任何一棵田埂上的小草，任何一棵山坡上的树木，都曾给予我许多启示，在寂寞中，在无人可与告语的境况里，它们始终维系住了我向上的心情，它们在我的生命里发生了比任何人类的名言懿行都重大的作用。我在它们那里领悟了什么是生长，明白了什么是忍耐。

但是自从三十一年以后，除去这里加上的三篇，我就很少写《山水》这类的文字了。当时后方的城市里不合理的事成为常情，合理的事成为例外，眼看着成群的士兵不死于战场，而死于官长的贪污，努力工作者日日与疾病和饥寒战斗，而荒淫无耻者却好像支配了一切。我写作的兴趣也就转移，起始写一些关于眼前种种现实的杂文，在那时成为一时风尚的小型周刊上发表，一篇一篇地写下去，直到三十四年八月十日才好像告了一个结束。如今回顾，我仍然爱惜《山水》里的几篇，以及那篇跋语里所说的几段话。因为无论在多么黯淡的时刻《山水》中的风景和人物都在我的面前闪着微光，使我生长，使我忍耐。就是那些杂文的写成，也多赖这点微光引导着我的思路，一篇一篇地写下去，不会感到疲倦。

如今回到北平，眼前的种种陷入比战时更为纷纭的状况，终日坐在城圈子里，再也没有原野的风梳栉我的心灵，而昆明的山水竟好像成为我理想中的山水了。这时我觉得这本小册子与其说是纪念过去走过的许多地方，倒不如说是纪念昆明。

（完）

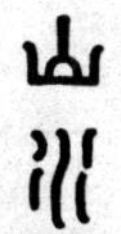